EDICT DV ROY,

PORTANT CREATION DE DEVX

cens Offices de Cheualiers du Guet, Deux cens Lieutenans, Deux cens Exempts & Six cens Archers dudit
Guet, y compris les Cinquante Exempts & Trois cens
Archers cy deuant creez par Edict du mois d'Octobre
1631. Auec suruiuance pour les pourueus ausdits Offices & leurs successeurs : Et aux gages, droicts, priuileges, prerogatiues & exemptions portées par ledit Edict,
Auec suppression des qualitez de Cheualiers, de Lieutenans & d'Exempts du Guet, attribuez aux Preuosts des
Mareschaux, leurs Lieutenans & leurs Exempts, par
Edict du mois de May 1631. en les remboursant actuellement & à vn seul payement, de la finance qu'ils ont
payée pour lesdites qualitez: A v e c entiere suppression
de tous les Offices d'Huissiers & de Sergens Royaux,
vacans par mort seulement aux parties Casuelles.

*Verifié au Grand Conseil le dernier Septembre 1633. & en la
Chambre des Comptes de Paris le 22. Iuin audit an, & à
la Cour des Aydes le 8. May 1634. suiuant & conformément au dixneufiéme article du Reglement des Tailles,
verifié en ladite Cour des Aydes le 8. Auril 1634.*

A P A R I S,

Par P. METTAYER, A. ESTIENE, Imprimeurs ordinaires du Roy.

M. DCXXXIV.

OVIS PAR LA GRACE
DE DIEV, ROY DE FRANCE
ET DE NAVARRE; A tous
prefens & à venir, Salut. LE
defir que nous auons touf-
jours eu de maintenir & con-
feruer nos fujets dans le repos & la tranquilité
publique, & remedier à plufieurs reuoltes &
mutinéries qui font furuenuës en quátité de villes de ce Royaume, lors que nous eftions occu-
pez à ruiner les entreprifes de nos ennemis, &
les factions & intelligences des Eftrangers, auec
grand nombre de mauuais François tres-mal af-
fectionnez à noftre feruice, Nous auroit obligez
par nos Edicts des mois de May & d'Octobre
mil fix cens trente-vn, d'attribuer aux Preuofts
generaux, Prouinciaux, Particuliers, Vifbaillifs,
Vifenefchaux, Lieutenans Criminels de Robe-
courte, & à leurs Lieutenans & Exempts, la
qualité de Cheualiers, de Lieutenás & Exempts
du Guet, pour faire la garde és Villes & Faux-
bourgs de leurs Marefchauffées, cóme le Cheualier du Guet de noftre ville de Paris. S V R-
Q V O Y nous auroit efté remonftré par plufieurs
defdits Preuofts, leurs Lieutenans & Exempts,
qu'il leur eft du tout impoffible de vacquer à la
campagne, & faire le Guet & la garde efdites
villes, attendu le peu de profits & d'émolumés
qu'il y a aux charges des Marefchauffees : Et

A ij

n'ayant afté attribué aucuns gages aufdits Offices de Cheualiers, de Lieutenans & d'Exempt
dudit Guet, Requerans qu'il nous pleuft pour
cét effect les en décharger. Ioint auffi les oppofitions de plufieurs autres Officiers, tendantes
vn Reglement du pouuoir defdits Cheualier
du Guet, leurs Lieutenans & Exempts fur l
faict de chaque Iurifdiction & de Police, fan
preiudice des Iuges d'icelle. A quoy defiran
pouruoir, tant au contentemét defdits Preuofts
que des Officiers, Manans & Habitans defdite
villes de noftre Royaume: A CES CAVSES
apres auoir mis cét affaire en deliberation en
noftre Confeil, où eftoient aucuns Princes &
Officiers de noftre Couronne, & autres grands
& notables Perfonnages, DE leur Aduis, & de
noftre certaine fcience, pleine puiffance & authorité Royale, Nous auons par ceftuy noftre
Edict perpetuel & irreuocable, reuoqué, efteint
& fupprimé, reuoquons, efteignons & fuppri-
mons les qualitez de Cheualiers, de Lieutenans
& d'Exempts du Guet, que nous auons attribuez par nos Edicts des mois de May & d'O-
ctobre mil fix cens trente-vn, aux Preuofts Generaux, Prouinciaux, Particuliers, Vifbaillifs,
Viffenefchaux, Lieutenans Criminels de Robe-
courte, leurs Lieutenans & Exempts, & donné
ce faifant main-leuée de tous leurs gages, mon-
ftres & droicts faifis, que nous voulons leur
eftre payez dorefnauant par leurs Receueurs &
Payeurs en la forme & maniere accouftumée,
nonobftant tous arrefts de faifies, que nous

auons caſſez & annullez pour le regard deſdits
Preuoſts, leurs Lieutenans &¦Exempts ſeule-
ment: Et en cas qu'ils ayent payé la finance à
laquelle ils ont eſté taxez pour leſdites qualitez
de Cheualiers, de Lieutenans & d'Exempts du
Guet, Nous voulons qu'ils en ſoient rembourſez actuellement, & à vn ſeul payement, aux
Greffes de leurs Mareſchauſſees, en rapportant
par eux leurs quittances de finance pour ladite
qualité de Cheualiers, Lieutenans & Exempts
du Guet, auec les Lettres de prouiſion deſdites
qualitez, qui demeureront ce faiſant nulles: &
ſeront leſdites quittances déchargées du Con-
trolle general de nos Finances, & rapportées
aux Treſoriers des Parties Caſuelles, Auec
defenſes auſdits Preuoſts, Viſbaillifs, Viſſeneſ-
chaux, Lieutenans Criminels de Robe-courte,
leurs Lieutenans & leurs Exempts, de s'entre-
mettre plus deſormais au faict deſdites qualitez
de Cheualiers, de Lieutenans & d'Exempts du
Guet, fonction, iuriſdiction, exercice, priuileges y attribuez par leſdits Edicts des mois de
May & Octobre mil ſix cens trente-vn, du iour
qu'ils en auront eſté actuellement rembourſez,
Que nous auons reuoqué & reuoquons pour le
regard deſdites qualitez, auſdits Preuoſts des
Mareſchaux, leurs Lieutenãs & leurs Exempts.
Et pour faire droict à leurs Archers, auſquels
nous aurions par nos meſmes Edits des mois de
May & d'Octobre mil ſix cens trente-vn, attribué pareillement la qualité d'Archers du Guet,
auec la ſuruiuance de leurs Offices, & le pou-

uoir d'exploiter, Nous les auons en considera-
tion de la finance qu'ils nous ont payée pour
cét effect, confirmé & confirmons en la suruiuance de leurs Offices d'Archers desdites Mareschaussées, & au pouuoir d'exploiter par tout
le Royaume, comme les Huissiers à cheual du
Chastelet de Paris, dont nous voulons que toutes Lettres de prouision leur en soient expediées separément d'auec celles de leurs Offices
d'Archers, & puissent vendre leursdits Offices
d'Archers ou d'Huissiers à cheual, coniointe-
ment ou separément, à telles personnes qu'ils
verront bon estre, suiuant & conformément
ausdits Edicts. Et en consequence de la reuocation que nous faisons desdites qualitez de Cheualiers, de Lieutenans & d'Exempts dudit Guet,
à leurs Preuosts, leurs Lieutenans & leurs
Exempts, Nous auons pareillement déchargé
& déchargeons lesdits Archers desdites Mareschaussées, desdites qualitez d'Archers du
Guet, fonction & exercice d'icelles, les dispen-
sant de faire le Guet & la garde desormais dans
les villes & faux-bourgs de leurs Mareschauf-
sées, & ne les obligeant à l'aduenir qu'au serui-
ce qu'ils doiuent à leurs Preuosts pour le faict
desdites Mareschaussées seulement. Et afin de
pouruoir à la paix & au repos des habitans de
nosdites villes, & à l'ordre que nous voulons
estre gardé & obserué à la Police d'icelles,
Nous Avons par ce present Edict perpetuel & irreuocable, creé & erigé, creons & eri-
geons en tiltre d'Office, Deux cens Cheualiers

du Guet, Deux cens leurs Lieutenans dudit
Guet, Cent cinquante Exempts, & Trois cens
Archers, outre les Cinquante Exempts, &
Trois cens Archers desdits Cheualiers du Guet,
déja creez par nostre Edict du mois d'Octobre
mil six cens trente-vn, qui demeure en sa force
& vertu, pour la creation desdits Offices, que
nous voulons estre establis és villes de nostre
Royaume du ressort de nos Chābres des Comptes,& Cours des Aydes de Paris, Roüen, Cler-
mont-Ferrand, Bretagne, Dijon, Montpelier
& Guyenne, suiuant l'estat qui leur en sera enuoyé, fors & excepté en celle de Paris, Lyon &
Orleans seulement. Lesquels Cent cinquante
Exemps, & Trois cens Archers presentement
creez, seront establis és villes où nous n'en
auions point mis de la derniere creation desdits
Cinquante Exempts & Trois cens Archers. A
tous lesquels Offices de Deux cens Cheualiers,
Deux cens Lieutenás, Cent cinquante Exempts
& Trois cens Archers dudit Guet, Nous auons
attribué & attribuons Huict vingts mil liures
de gages, le fort portant le foible, & selon l'e-
stat de distribution qui en sera arresté en nostredit Conseil, & enuoyé pareillement aux susdi-
tes Cours Souueraines, que nous voulons estre
employez desormais és estats des Receptes generales de nos Finances, comme charge ordi-
naire, Auec les Quarante mil liures de gages
que nous auons attribué aux Cinquante nou-
ueaux Exempts & Trois cens Archers de derniere creation: Pour en estre lesdits Cheualiers

du Guet, leurs Lieutenans, Exempts & Archei
payez par les Receueurs des Tailles des Ele
ctiõs où reſſortiſſent les villes où ils ſeront eſta
blis, & par les Receueurs des Foüages de Bre
tagne, comme les autres Officiers, de quartie
en quartier, ſur leurs ſimples quittances, A
quoy faire leſdits Receueurs des Tailles & de
Foüages ſeront contraints comme pour no
propres deniers & affaires: Auſquels Offices de
Cheualiers & de Lieutenans du Guet, Nou
auons attribué & attribuons la qualité d'Eſ
cuyers, Auec pouuoir à eux & à leurs Exempts
de porter le baſton, & de commander auſdit
Archers du Guet, chacun en la ville de ſa reſi-
dence, & au nombre qui leur en ſera donné:
leſquels Archers porteront les Caſaques char-
gées de nos Armoiries, & de celles de la ville
où ils ſeront eſtablis. VOVLANS que ceux
qui ſeront pourueus deſdits Offices de Cheualiers, de Lieutenans, d'Exempts & d'Archers
dudit Guet, portent toutes ſortes d'armes à feu
& autres: Iouyſſent, ſçauoir les Cheualiers du
Guet, de trente liures d'exemptions de toutes
Tailles: leurs Lieutenans, de vingt liures: les
Exempts, de dix liures; & les Archers, de cent
ſols chacun: & ne puiſſent eſtre augmentez
auſdites Tailles, pour quelque cauſe & occaſion
que ce ſoit, ains demeureront au prix de leurs
taxes & cottes auſquelles ils ſe trouueront taxez lors de l'acquiſition deſdits Cheualiers du
Guet, de Lieutenans, d'Exempts & d'Archers,
ſi ce n'eſt que leſdites Tailles viennent à dimi-
nuer;

nuer : auquel cas nous voulons qu'ils soient aussi diminuez au prorata; & que lesdits Cheualiers, leurs Lieutenans, Exempts & Archers dudit Guet, soient du corps des Maisons & Hostels des Villes où ils seront establis, iouyssent des mesmes honeurs, prerogatiues & priuileges que nous auons attribuee ausdits Officiers desdites Maisons & Hostels de Villes, soient exépts de tutelle, curatelle, garde de meubles & biens saisis, de la Collecte de nos deniers, & de logemens de Gens de guerre : Assistent lesdits Cheualiers du Guet & leurs Lieutenans, aux creations & Elections des Maires & Escheuins, Consuls, Capitoux, Iurats, Majeurs, Conseillers & autres Officiers desdites Maisons de Villes de leur residence; y ayent rang & seance apres lesdits Maires & Escheuins, & en toutes Assemblées publiques & particulieres apres les premiers Iuges Royaux des Villes de leur residence, pour s'opposer aux desordres qui pourroient interuenir à l'election desdits Officiers, & aux seditions populaires : Leur enioignant à cette fin d'y tenir la main, & d'y apporter l'ordre necessaire & requis en telles occurrences: la creation desdits Officies du Guet n'estant que pour la necessité desdites Villes, des Officiers & de la police d'icelles. Pour l'entretenement de laquelle, nous voulons que lesdits Cheualiers du Guet facent en personne ou facent faire par leurs Lieutenans, leurs Exempts & leurs Archers, sur lesquels nous leur auons donné, & donnons tout commandement & pouuoir de

Capitaines, le guet, la garde & la patroüille d\
iour & de nuict, en cas de neceſſité, & quana
bon leur ſemblera, en la Ville & aux Fauxu
bourgs de leur eſtabliſſement ; principalemenr
aux iours de Foires & de Marchez, de Ceremonies ou de Feſtes & d'aſſemblées publiques:
pour s'oppoſer aux broüilleries, querelles & ſeditions qui y pourroient ſuruenir, & contenir
chacun en ſon deuoir, Prendre garde aux caballes & intelligences des factieux, vagabonds &
gens ſans adueu, qui ſe gliſſent dans leſdites Villes ſous de faux pretexres, pour y faire des pratiques & conſpirations contre noſtre ſeruice.
Aſſiſteront pareillemét leſdits officiers duGuet,
les Maire, Eſcheuins & Iuges de police, à l'entretenement d'icelle, leur preſteront main-forte:& aux Iuges, Preuoſts, Lieutenans Criminels
& autres Iuges,& à nos Procureurs, pour le fait
de leurs charges & pour l'authorité & l'execution de la Iuſtice. Et à ceſte fin nous auons attribué & atrribuons auſditsCheualiers, Lieutenás,
Exempts,& Archers dudit Guet par ces preſentes, toute iuriſdiction, competance & cognoiſſance par preuention, de toutes ſeditions, mutineries, reuoltes, port d'armes & cas de nuict,
faux ſaunage, fauſſe monnoye, tranſport des
monnoyes & de marchandiſes prohibées hors
& dedans le Royaume, & de chaſſe par eau &
par terre defenduës.Auec pouuoir auſdits Cheualiers du Guet,& à leurs Lientenans & Exépts,
d'informer, decreter, & conſtituer priſonniers
pour les cas ſuſdits, qui ſeront iugez ſur les in

formations defdits Officiers du Guet par les Iuges qul en feront competans, & aufquels la co-
gnoiffance en appartient ; A la iurifdiction defquels nous n'entendons nuire ny preiudicier au-
cunement : Et fe feruiront lefdits Cheualiers du
Guet, leurs Lieutenans & Exempts (fi bon leur
femble) de leurs Archers pour dreffer leurs pro-
cez verbaux & informations, qu'ils remettront
puis apres aux greffes des Iuges qui feront competans d icelles informations, pour n'apporter
aucun dommage pareillement aux Greffiers defdits Iuges : & auront lefdits Officiers du Guet
pour leurs peines & falaires defdites informations, decrets , captures & affiftance qu'ils ren-
dront aux Iuges de leur refidence en cas de neceffité , & lors qu'ils en feront par eux requis, ce
qui leur fera taxé par lefdits Iuges competás des
cas fufdits. Et dautant que nous auons attribué
par ledit Edict du mois d'Octobre 1631. la facul-
té d'exploicter aux trois cens Archers dudit
Guet, creés par iceluy ; Nous auons encore attribué & attribuons aux trois cens Archers creés
par ces prefentes, le mefme pouuoir d'exploicter par tout noftre Royaume, Pays, Terres, &
Seigneuries de noftre obeyffance , & de mettre
à execution tous Arrefts en forme , Sentences,
Iugemens, Contracts, Obligations, & generale-
ment tous autres actes de Iuftice ciuile & crimi-
nelle, de quelques Iuges qu'ils foiét émanez, foit
pour nos affaires & finances, & pour quelque
autre caufe & occafion que ce foit, tout ainfi que
les Huiffiers, Sergens à cheual du Chaftelet de

Paris; A l'exclusiõ toutefois du seellé dudit Chaſ
ſtelet seulement, que nous leur auons reserui
comme à eux seuls appartenans, & sans qu'eȝ
consequence dudit pouuoir d'exploicter, lesditi
Archers du Guet soient dispensez de la fonctioȝ
de leurs charges, ny d'obeyr à leurs Cheualiers
leurs Lieutenans, ou Exempts lors qu'ils les cõȝ
manderont de ce faire, leur donnant pouuoiɾ
pour le regard desdites charges d'Archers dudiɫ
Guet. Et auons dispensé & dispensons lesdit cin
quante Exempts & trois cens Archers, creéɫ
par ledit Edict du mois d'Octobre 1631. d'obeyɾ
desormais aux Preuosts des Mareschaux, leurs
Lieutenans & Exempts en ceste qualité, & de
faire monstre pardeuant eux & leurs Commiſ-
ſaires, attendu la suppreſſion de celles de Cheualiers, de Lieutenans & Exempts dudit Guet.
VOVLANS que lesdits cinquante Exempts &
trois cens Archers ne recognoiſſent plus, & neȝ
dependent que de leurs Cheualiers & Lieutenans dudit Guet creés és villes de leur eſtabliſſement, auſquels seuls ils obeyront, & pardeuant
leſquels ils preſteront le serment, ſi ce n'eſt que
leſdits Preuosts, Lieutenãs ou Exempts desdites
Mareschauſées achetẽt leſdits Offices de Cheualiers, de Lieutenans, ou Exempts dudit Guet;
Ce que nous leurs auons permis & permettons
d'en iouyr, & les exercer separément auec leurs
Offices desdites Mareschauſées. Voulans que
tous ceux qui serõt pourueus desdits Offices de
Cheualiers, de Lieutenans, d'Exempts & d'Archers dudit Guet, creés par ledit Edict, iouyſ-

fent du benefice de la furuiuance de leurs office
pour vne fois feulement : Et qu'en cas de mor
ils foient conferuez à leurs vefues, enfans, heri-
tiers, fucceffeurs & ayans caufe ; Et que les fucceffeurs ou refignataires cy-apres à tous les fufdits Offices de Cheualiers, Lieutenans, Exempts
& Archers dudit Guet, creés tant par ledit Edict
du mois d'Octobre 1631. que par ceftuy, iouyf-
fent pareillement du mefme benefice de furuiuance, en payant à nos Parties Cafuelles, tant
pour ladite furuiuance que pour la refignation
defdits Offices, vne année feulement des gages
d'iceux, afin de les affeurer (ce faifant) à leurs
familles, & les obliger à nous feruir fidelement
& plus courageufement : Defquels Offices toutes Lettres de prouifion leur en feront expediées
en noftre grande Chancellerie, en payant feulement pour le feau de chaque Lettre de prouifion de Cheualier & de Lieutenát du Guet, feize
liures, & huict liures pour le marc d'or, & huict
liures pour le feau des Lettres d'Exempts &
d'Archers, & quatre liures pour le marc d'or de
chaque Office : & ne feront tenus lefdits Cheualiers du Guet & leurs Lieutenans, que de prefter le ferment gratuitement pardeuát les Gouuerneurs des villes où ils feront eftablis; & leurs
Exempts & Archers, pardeuant les premiers Iuges des villes de leur eftabliffement, pour le regard du pouuoir d'exploicter aufdits Archers,
fans rien prendre ny exiger d'eux pour la rece-
ption & le ferment aufdits Offices, que ce qu'ils
leur voudront donner liberalemét. Et afin de né

pas surcharger nosdits subiets, tant de la somme de deux cens mil liures de gages que nous
attribuons tant aux susdits Officiers dudit Guet
presentement creés, qu'aux cinquante Exempts
& trois cens Archers cy-deuant cerés par autre
Edict du mois d'Octobre 1631. que de la qualité
d'Huissiers, & du pouuoir d'exploiter que nous
dónons ausdits six cens Archers du Guet, Novs
voulós que lesdits gages soient pris sur les deux
cens mil liures des augmentations des gages qui
nous restent des quatre cens quatre vingts mili
liures, que nous auons cy-deuant attribué aux
Greffier, Receueurs des Consignatiós & autres
Officiers domaniaux, par nostre Edit du mois de
Decembre 1629 Tous lesquels gages iusques à
ladite somme de deux cens mil liures seront employez desormais l'année prochaine & les sui-
uantes és Estats des Receptes generales de nos
Finances, sous les noms desdits Cheualiers du
Guet, leurs Lieutenás, Exempts & Archers des
Generalitez où ils seront establis, & laissez aux
Receueurs des Tailles des Foüages, & autres,
pour les payer ausdits Officiers, ou aux porteurs
des quittances de finance desdits Offices : & ce
faisant porter moins aux Receptes generales
de nos Fináces, & les Receueurs generaux d'au-
tant quittes & deschargez vers les Tresoriers de
nostre Espargne. Vovlons encore que genera-
lement tous les Offces d'Huissiers & de Sergés
Royaux vacquans par mort en nos Parties Casuelles, soient desormais esteins & supprimez,
& pour cet effect nous les auons dés à present

esteins & supprimez , esteignns & supprimons:
Auec defenses aux Treforiers des Parties Cafuelles de plus faire taxer ores & à l'aduenir aucun Rolle en noftre Confeil, ny d'en expedier
aucunes quittances de finance, à peine d'en ref-
pondre en leurs propres & priuez noms.

SI DONNONS EN MANDEMENT à
nos amez & feaux Confeillers, les Gens tenans
noftre Grand Confeil. Que cettuy noftre prefent Edict ils facent regiftrer, garder & obfer-
uer, & du contenu en iceluy, pleinement &
paifiblement iouyr lefdits Cheualiers du Guet-
leurs Lieutenans, Exempts & Archers, nonobftant oppofitions ou appellations quelconques, defquelles fi aucunes interuiennent, nous
leur en auons attribué & attribuons la cognoif-
fance, & icelle interdite & defenduë à toutes
nos Cours & autres Iuges, Auec defenses aux
parties de fe pouruoir ailleurs qu'audit Grand
Confeil, à peine de nullité & de mil liures d'a-
mende contre les contreuenans, payables fans
deport, où nous auons euoqué & euoquons les
caufes defdits Officiers du Guet, pour le faict
de leurs charges feulement MANDONS en
outre à nos amez & feaux Confeillers , les Gens
tenans nos Chambres des Cõptes & Cours des
Aydes de Paris, Roüen, Dijon, Bretagne, Cler-
mout-Ferrand, Montpelier & Agen, & aux
Treforiers de France des Generalitez qui en
dependent, que ces prefentes ils facent enre-
giftrer, & iouyr lefdits Officiers,& les porteurs
des quittances de finance defdits Officiers de

Cheualiers, de Lieutenans, d'Exempts & d'Archers dudit Guet, pleinement & paisiblement,
des gages qui leur sont attribuez , iusques à
concurrence de Deux cens mil liures de gages
pour lesdits Deux cens Cheualiers du Guet,
Deux cens Lieutenans, Deux cens Exempts &
Six cens Archers, y compris les quarente mil
liures de gages attribuez aux Cinquante nou-
ueaux Exempts & Trois cens Archers dudit
Guet, cy-deuant creez par nostre Edict du mois
d'Octobre mil six cens trente-vn, suiuant &
conformément à l'estat qui en a esté arresté en
nostredit Conseil, dont copie est cy-attachée
sous le contre-seel : Ensemble des priuileges
& exemptious, Sçauoir de trente liures de
toutes Tailles pour chacun des Cheualiers du
Guet, Vingt liures à leurs Lieutenans, Dix liures aux Exempts, & Cent sols seulement pour
chacun de leurs Archers, comme en iouyssent
les Archers des Mareschaussees, que nous
voulons aussi estre reglez à Cent sols de toutes
Tailles par nosdites Cours des Aydes, & par
nos Eleus des Elections qui en dependent, aus-
quels nous enioignons d'y prendre garde,
Estans bien informez que lesdits Archers des
Mareschaussées sous pretexte de ladite exem-
ption de Tailles, s'en font entierement des-
charger à la faueur de leur port d'armes ; Ce
qui tourne à la foule & oppression de nostre
Peuple. MANDONS encor aux Gouuerneurs
des Villes où lesdits Officiers du Guet seront
establis, de receuoir lesdits Cheualier du Guet
&leurs

& leurs Lieutenans, les inftaler & admettre en la fonction & exercice de leurs Offices gratuitement, & fans autre forme ny procedure que de preftation de ferment, conformément aux Lettres de prouifion qui leur en feront adreffees à cette fin. Enjoignant aufdits Cheualiers du Guet, leurs Lieutenans, Exempts & Archers, d'affifter les Gouuerneurs defdites Villes, & les accompagner aux iours de Ceremonie dans les Villes de leur refidence, pour l'honneur & la dignité de leurs Charges: Et aufdits Gouuerneurs, Maire, Efcheuins, Capitoux, Confuls, Iurats, Majeux & tous autres, de prefter main-forte & efcorte aufdits Officiers du Guet, pour le faict de leurs charges, en cas de neceffité, & toutefois & quantes qu'ils en feront par eux requis : Et aux premiers Iuges defdites Villes, de receuoir le ferment defdits Archers du Guet, pour la qualité d'Huiffiers à cheual, & pouuoir d'exploiter par tout le Royaume, nonobftant oppofitions ou appellations quelconques ; à peine aufdits Iuges, de prife à partie en leurs propres & priuez noms, & de toutes pertes, defpens, dommages & interefts. Et dautant que du prefent Edict on pourra auoir affaire en plufieurs & diuers lieux, nous voulons qu'à la copie collationnée par l'vn de nos amez & feaux Confeillers & Secretaires, foy foit adiouftée comme aux originaux : CAR tel eft noftre plaifir. Et afin que ce foit chofe ferme & ftable à toufiours, nous auons fait mettre noftre Seel à ces prefentes;

C

sauf en autre chose nostre droict & l'autruy en
toutes. DONNE' à Fontaine-bleau au mois de
May, l'an de grace mil six cens trente-trois,
& de nostre regne le vingt-troisiéme. Signé,
LOVIS: & plus bas, Par le Roy, DE LO-
MENIE, & seellé du grand Seau en cire rouge,
& verte. Et encor plus bas est écrit :

*Enregistré és Registres du Grand Conseil
du Roy, suiuant & aux charges portées par
l'Arrest donné en iceluy. A Paris le dernier
iour de Septembre mil six cens trente-trois.
Signé,   COLLIER.*

*Leu, publié & registré en la Chã-
bre des Comptes, ouy le Procureur general du Roy, par le commandement
de sa Maiesté, porté par Monsieur le
Comte de Soissons, grand Maistre
de France, Gouuerneur & son Lieu-
tenant General en Dauphiné, assisté
du sieur Duc de Chaune, & des sieurs
de Leon et Tallon, Conseillers de sa
Majesté en ses Conseils d'Estat et
Priué, le 22. Juin 1633,
Signé,   BOVRLON.*

*Leu, publié & regiſtré, par le Cõ-
mandement du Roy, porté par Mon-
ſieur le Comte de Soiſſons, aſſiſté du
ſieur Mareſchal de Chaulne, & des
ſieurs de Leon et Tallon, Conſeillers
és Conſeils d'Eſtat de ſa Majeſté, Et
ce requerant le Procureur General, A
Paris en la Cour des Aydes, les Chã-
bres aſſemblées le huictiéme iour de
May mil ſix cens trente quatre.*

Signé,   *BOVCHER.*

EXTRAICT DES REGISTRE.
du grand Conseil du Roy.

SVr la Requeste presentée au Conseil ll vingt-huictiéme Septembre six céns trente trois, par le Procureur General du Roy, tendante afin que les Lettres d'Edict & creation de deux cens Cheualiers du Guet, deux cenr leurs Lieutenans dudit Guet, Cent cinquante Exempts & trois cens Archers, outre les cinquante Exempts, & trois cens Archers dudit Guet cy-deuant creés par Edicts des mois de May & Octobre six cens trente-vn, & reuocation desdits Edicts pour l'establissement des Preuofts des Mareschaux, Visbaillifs & Vissenechaux, Lieutenans de Robbe Courte, Lieutenans & Exempts desdits Preuofts, Visballifs & Visseneschaux, soit enregistré és Registres dudit Conseil, gardé & obserué selon sa forme & teneur. VEV par ledit Conseil ladite Requeste, lesdites Lettres d'Edict du mois de May six cens trente-trois: LE CONSEIL a ordonné & ordonne que lesdites Lettres & Edict seront enregistrez és Registres dudit Conseil, pour iouyr par lesdits Cheualiers, Capitaines du Guet, leurs Lieutenans, Exempts & Archers, de l'effect & contenu esdites Lettres selon leur forme & teneur, A la charge que les Lieutenans de Robbe-courte, Preuofts des Mareschaux,

Visbaillifs, Visseneschaux, leurs Lieutenans & Exempts, qui ont esté pourueus desdites charges de Cheualiers, Capitaines, Lieutenans & Exempts du Guet, ne pourront estre depossedez de leursdites charges, sinon apres qu'ils auront esté remboursez actuellement des sommes payées par eux ou par autres qui les auront resignées. F A I C T audit Conseil à Paris le dernier iour de Septembre mil six cens trente-trois.   Signé,   C O L L I E R.

*Collationné aux Originaux par moy Conseil-
ler Secretaire du Roy & de ses Finances.*

EXTRAICT DE LA DECLARATION du Roy, portant les Priuileges accordez aux Imprimeurs de sa Maiesté.

PA R Declaration de sadite Maiesté du 22. Feburier 1620. verifiée en Parlement le 7. Mars, Chambre des Comptes le 8. Aouft, Cour des Aydes le 6 Octobre, Chaftelet le 17. Nouembre, & Bailliage du Palais le 27. de Septembre audit an, Enfemble par plufieurs Arrefts tant du Confeil d'Eftat que dudit Parlement & Sentences dudit Chaftelet contradictoirement donnez en confequence de ladite Declaration, les 8. Ianuier 1626. vingtiéme May & 18. Aouft 1627 & autres, Et encor par autre Arreft du Parlement & Cómiffion fur iceluy, portant permiffion de faifir, donnez en la prefente année 1634. Il eft permis à A. ESTIENE, & P. METTAYER, Imprimeurs ordinaires de fadite Maiefté, d'imprimer & vendre feuls les Edicts, Ordonnances, Reglemens, Declarations : & Arrefts, tant du Confeil que des Cours Souueraines, Baux generaux & particuliers, & autres expeditions concernans les Finances, Aydes, Tailles & Gabelles, &c. Auec defences à tous autres Imprimeurs, Libraires & autres, de les imprimer ou faire imprimer, vendre & diftribuer en quelque forte ou maniere que cefoit, fur peine de cinq cens liures d'amende. Voulant à cét effet fadite Majefté, que ce qui fe trouuera imprimé de ce que deffus par autres que lefdits Eftiene & Mettayer, foit faifi & cancellé comme nul & faux, & fait contre le commandement & authorité de fadite Maiefté, ainfi qu'il eft plus au long contenu en ladite Declaration.